D1689074

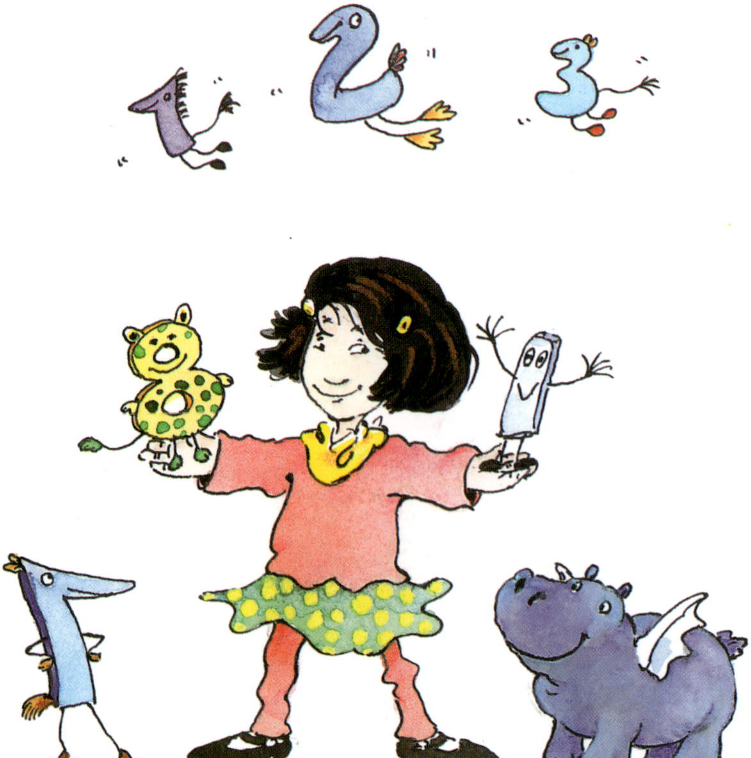

Das verzauberte Klassenzimmer

Text und Illustration
von Cornelia Funke

Loewe

Die Deutsche Bibliothek – CIP-Einheitsaufnahme

Funke, Cornelia:
Das verzauberte Klassenzimmer / Cornelia Funke.
Text und Ill. von Cornelia Funke.
1. Aufl. – Bindlach: Loewe, 1997
(Lesespatz)
ISBN 3-7855-3069-2
NE: HST

Dieses Buch ist auf chlorfrei gebleichtem Papier gedruckt.

ISBN 3-7855-3069-2 – 1. Auflage 1997
© 1997 by Loewe Verlag GmbH, Bindlach
Lateinische Schreibschrift
Umschlagzeichnung: Cornelia Funke
Satz: Leingärtner, Nabburg
Gesamtherstellung: New Interlitho Italia SPA
Printed in Italy

Inhalt

Die neue Schülerin 8
Zappelkreide 14
Kopfrechnen 20
Zahlenzauber 26
Elefantenpause 30

Die neue Schülerin

Die Klasse 2 b
hatte gerade Rechnen.
Bei Herrn Grempel.
Da klopfte es.

43 + 21 - 7 =
23 - 8 + 51 =

Ein Mann, ein Mädchen und ein Elefant guckten durch die Tür.

„Ist das hier die Klasse 2 b?", fragte der Mann.

Herr Grempel nickte verdattert.

„Ich bringe Ihnen eine neue Schülerin", sagte der Mann. „Meine Tochter Inga."

Inga lächelte.

„Viel Spaß, mein Kind!",
sagte ihr Vater.
„Ich lasse den Elefanten
auf dem Schulhof.
Vergiss nicht,
ihn zu füttern."

Der Elefant winkte
mit dem Rüssel.

Ingas Vater verbeugte sich
bis zur Erde
und verschwand wieder.

Inga aber hüpfte
zu dem einzigen leeren Platz.

Ganz hinten
neben dem dicken Max.

Zappelkreide

„Na so was!",
murmelte Herr Grempel.

Dann drehte er sich um –
und schrieb ein paar
schaurig schwere Aufgaben
an die Tafel.

14 + 8 = 22 - 8 =
23 + 9 - 7 =
17 + 11 - 8 = 13 =

Die ersten drei
löste Carina,
die schnellste Rechnerin
der Klasse.

Danach kam Inga
an die Reihe.

„Na, dann wollen wir
mal sehen,
was du kannst!",
sagte Herr Grempel.

Inga nahm die Kreide.

Dann rief sie:
„Eins, zwei, drei und hopp.
Kreide, lauf Galopp!"

Mit einem Satz
sprang die Kreide
aus Ingas flacher Hand.

17 + 28 =
13 + 21 - 6 =
8 + 11 - 8 =
23 + 5 - 7 =
7 - 3 + 23 =

Sie lief die Tafel hinauf und kritzelte Zahlen hinter die Aufgaben.

„Alles richtig?", fragte Inga.

Herr Grempel machte
den Mund auf,
klappte ihn wieder zu
und nickte.

Inga aber hüpfte zurück
an ihren Platz.

Kopfrechnen

Eine ganze Weile
sagte niemand was.

Nicht mal der lange Bert,
der sonst zu allem
was sagte.

Herr Grempel fand zuerst die Sprache wieder.

„Inga", sagte er. „So geht das nicht! Versuchen wir es ohne Kreide. Mit Kopfrechnen. Was ist 18 + 9?"

„Moment", sagte Inga.
Sie rieb sich die Ohren.

Und heraus schwebten
winzige Nilpferde.

18 aus dem linken
und 9 aus dem rechten.

Sie wuchsen und wuchsen,
bis jedes so groß
wie ein Luftballon war.

„Aha! Das macht 27", sagte Inga.
Die Kinder kicherten.

Die Nilpferde flatterten
auf die Schulter
von Herrn Grempel.

Zahlenzauber

„Ich kann das auch mit Krokodilen", sagte Inga.

Herr Grempel stöhnte.
„Inga! Was ist 7 + 3 + 6 + 5 − 8?
Aber bitte mit Zahlen!"

„Na gut", sagte Inga.

Sie kletterte
auf ihren Tisch
und schüttelte die Arme.

Da purzelten lauter
quietschbunte Zahlen
aus Ingas Ärmeln.

Sie sprangen den Kindern
in die Haare
und Herrn Grempel
auf den Kopf.

Bis Inga klatschte.

Da zerplatzten sie
plötzlich alle.

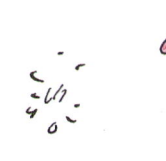

Bis auf die 1 und die 3.
„13", sagte Inga.

Die ganze Klasse
klatschte begeistert.

Elefantenpause

Als es zur Pause klingelte, wimmelte das Klassenzimmer von seltsamen Geschöpfen.

Herr Grempel saß verzweifelt auf seinem Pult zwischen vier Kühen.

„Inga!", seufzte er.
„Rechne doch normal!"

Inga pflückte gerade
zwei Dreien
aus ihrem Haar.

„Normal ist ziemlich
langweilig, oder?"

Die anderen Kinder grinsten.
Herr Grempel seufzte wieder.

„Was gibt's als nächstes?",
fragte Inga.

„Deutsch",
lispelte die kleine Emma.

„Ah, Lesen und Schreiben!",
rief Inga. „Wunderbar!"

Da klopfte plötzlich
ein Elefantenrüssel
gegen das Fenster.

„O je!", rief Inga.
„Vorher muss ich aber noch
meinen Elefanten füttern."

Und schon hüpfte sie
zur Klassentür hinaus.

Und alle folgten ihr:
die Nilpferde, die Kühe
und die Zahlentiere.

Ganz normal sah
die Klasse 2 b
da plötzlich wieder aus.
So, als hätte Inga
alle Farben
mitgenommen.

Die Kinder ließen
die Köpfe hängen.

Aber kaum klingelte es, hob der Elefant Inga wieder durchs Fenster!

Und die Deutschstunde wurde noch besser als Rechnen.

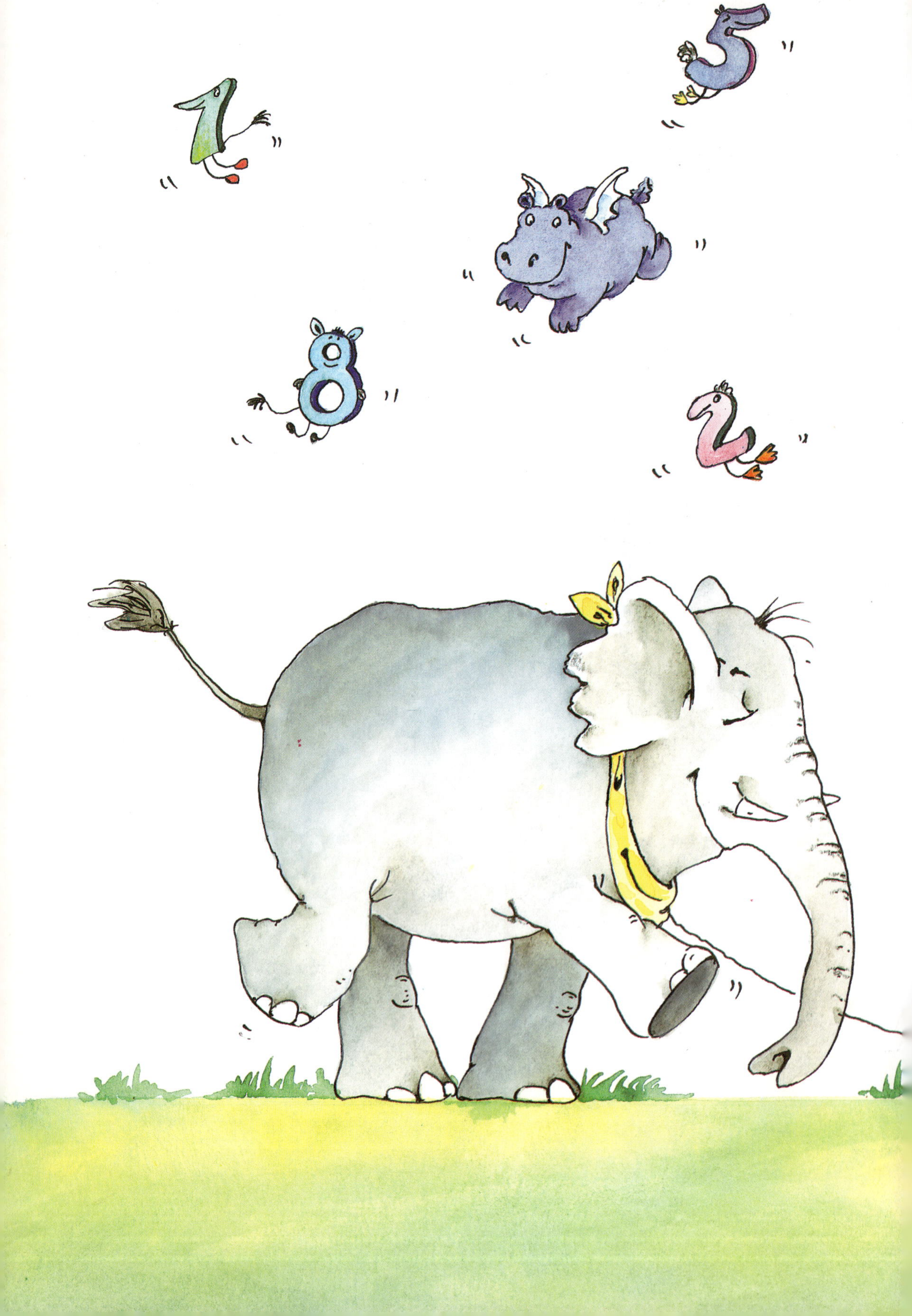